Día de los Muertos

Julie Murray

Abdo
FIESTAS
Kids

abdopublishing.com

Published by Abdo Kids, a division of ABDO, PO Box 398166, Minneapolis, Minnesota 55439.
Copyright © 2019 by Abdo Consulting Group, Inc. International copyrights reserved in all countries.
No part of this book may be reproduced in any form without written permission from the publisher.

Printed in the United States of America, North Mankato, Minnesota.

052018

092018

THIS BOOK CONTAINS
RECYCLED MATERIALS

Spanish Translators: Telma Frumholtz, Maria Puchol

Photo Credits: Alamy, AP Images, iStock, Shutterstock

Production Contributors: Teddy Borth, Jennie Forsberg, Grace Hansen

Design Contributors: Christina Doffing, Candice Keimig, Dorothy Toth

Library of Congress Control Number: 2018931575

Publisher's Cataloging-in-Publication Data

Names: Murray, Julie, author.

Title: Día de los muertos / by Julie Murray.

Other title: Day of the dead. Spanish

Description: Minneapolis, Minnesota : Abdo Kids, 2019. | Series: Fiestas | Includes online
    resources and index.

Identifiers: ISBN 9781532180026 (lib.bdg.) | ISBN 9781532180880 (ebook)

Subjects: LCSH: Mexico, the Day of the Dead--Juvenile literature. | All Souls' Day--Mexico--
    Juvenile literature. | Holidays, festivals, and celebrations--Juvenile literature. | Spanish
    language materials--Juvenile literature.

Classification: DDC 394.264--dc23

Contenido

Día de los Muertos

Es el Día de los Muertos.

¡Juán lo celebra!

4

Se celebra el 1 y el 2

de noviembre.

7

No son días para
asustarse de los muertos,
sino para **honrarlos**.

La gente va a los cementerios.

Luis lleva flores.

Ana prepara un altar decorado con calaveras.

13

Lucía enciende una vela y cuenta historias.

La gente se disfraza. Hay música. Clara baila.

Paula cocina un pan especial.

¡Es **pan de muerto**!

¡A Alma le encanta el Día de los Muertos!

Cosas del Día de los Muertos

altares

calaveras

flores

pan de muerto

Glosario

altar
estructura hecha por los familiares de las personas que han muerto, normalmente está decorada con fotos, flores y más.

honrar
mostrar respeto.

pan de muerto
pan dulce mexicano que se lleva al cementerio o se pone en los altares como ofrenda.

Índice

Abdo Kids
ONLINE
FREE! ONLINE MULTIMEDIA RESOURCES

¡Visita nuestra página **abdokids.com** y usa este código para tener acceso a juegos, manualidades, videos y mucho más!

Código Abdo Kids:
HDK3919